Inhalt

Die Warenhauskrise

Kernthesen

Beitrag

Fallbeispiele

Weiterführende Literatur

Impressum

GENIOS WirtschaftsWissen Nr. 02/2005 vom 08.02.2005

Die Warenhauskrise

E.Krug

Kernthesen

- Die Konsumtempel der Vergangenheit stecken in einer tiefen Krise. Die Deutschen legen grundsätzlich schon seit einiger Zeit eine deutliche Konsumunlust an den Tag. Sie gehen nicht mehr gerne einkaufen und sie gehen definitiv immer seltener in Warenhäuser. (1)
- Die Warenhauskrise hat nicht nur für die Konzerne und deren Mitarbeiter fatale Folgen, sondern wirkt sich sehr negativ auf die Innenstädte und den dort angesiedelten Einzelhandel aus. (2), (3), (4)
- In der Branche prognostiziert man, trotz der momentan düsteren Situation, eine reelle Überlebenschance für die Warenhäuser. Voraussetzung dazu sind allerdings

moderne intelligente Marketingkonzepte.
(3), (5), (6), (7), (8), (9)

Beitrag

Es gibt sie sehr wohl noch, die Warenpaläste, die Faszination auf die Kunden ausüben. Sie befinden sich allerdings im Ausland, in New York, London, Paris. In Deutschland hat sich die Situation verändert. Dass es beim Warenhausgeschäft schon des längeren kriselt, ist in der Branche nicht neu. Seit einigen Monaten allerdings sind Warenhauskonzerne in aller Munde. Nicht zuletzt wegen der aktuellen Probleme von KarstadtQuelle hat sich die so genannte Warenhauskrise, die nicht nur den Karstadt Konzern allein betrifft, zum äußerst brisanten Thema in der deutschen Wirtschaft entwickelt. Die Fehler wurden viel diskutiert, die Lösung noch nicht wirklich gefunden. Der Niedergang ist messbar. Anfang der 70er Jahre machte der Marktanteil der Warenhäuser am Einzelhandelsumsatz noch zehn Prozent aus, heute liegt er unter vier Prozent. Das Kaufverhalten und die Ansprüche der Konsumenten haben sich seit den Sternstunden der Warenhäuser stark gewandelt und weiterentwickelt. (1), (6), (10), (11)

Was wollen die Kunden

Die Kunden wollen nicht nur die Bequemlichkeit, die ihnen das Internet heutzutage beim Einkauf bietet. Es wäre zu einfach und zu banal, hier den einzigen Grund für die Krise zu sehen. Sicherlich trägt diese Einkaufsvariante zum Umdenken bei dem Verbraucher bei, allerdings ist dieser nicht so einfach gestrickt und gerade in der heutigen Zeit nicht mehr so leicht zu definieren. Auf der einen Seite sind die Kunden von Konsummüdigkeit geplagt, haben einen ausgeprägten Hang zum Discounter gefunden, sind auf Schnäppchenjagd etc., auf der anderen Seite sind sie anspruchsvoller geworden, suchen schicke Ware zu erträglichen Preisen, setzen immer noch auf starke Marken, die sie gern im stilvollen Ambiente angeboten haben wollen. Sie wollen Spaß beim Shoppen haben und wirklich guten Service. Eine kompetente Sortimentspolitik und die adäquate Präsentation verlocken die Kunden ebenso zum Kauf, wie Discountläden, die mit niedrigem Preisniveau dem Konsumenten das Gefühl geben, nicht vom Markendenken überrollt zu werden. Die Konsumenten lassen sich nicht mehr so leicht einordnen. [(1)](), [(5)](), [(6)]()

Was bekommen die Kunden

Manchmal kann man den Eindruck bekommen, die Warenhauskonzerne haben die Entwicklung der letzten Jahre total verschlafen. Statt sich auf die neuen Anforderungen, die an den Handel gestellt werden, einzustellen, hat man sich nicht selten an alten Gepflogenheiten festgehalten und vielleicht sogar aus Bequemlichkeit gehofft, dass die Warenhäuser weiter den Stellenwert bei den Konsumenten einnehmen, den sie in ihren guten Zeiten eingenommen haben. Nicht selten präsentieren sich Kaufhausfilialen mit optisch mehr als langweiligen Abteilungspassagen, mit einem undurchsichtigen Warenangebot, genervtem Personal, unerfreulichen Kundentoiletten und noch weniger erfreulichem Restaurant-, Café- und Bistrobereich. Es mangelt an Erlebniswelten, angenehmen Ambiente und positiven Überraschungen. Nicht zuletzt mangelt es auch an Markenware. Niedrigpreise und Rabattschlachten haben oftmals die Situation verschlechtert statt verbessert. Kurz gesagt, es fehlt an neuen, auf den heutigen Konsumenten abgestimmten Konzepten. [(5)](), [(7)](), [(10)]()

Weitere Ursachen für die Krise

Dennoch sind es nicht ausschließlich Managementfehler, die die Krise verursacht haben. Das System und die Verunsicherung durch die wirtschaftliche Lage spielen sicherlich auch eine Rolle, so wurden z.B. die Warenhäuser als erstes bestreikt, als es um die neuen Öffnungszeiten ging. Der Druck kommt eigentlich von allen Seiten, ob von den spezialisierten Fachgeschäften, die nicht unbedingt kompetenter sind, aber kompetenter wirken, oder den Discountern, die wie gesagt sehr hoch im Kurs stehen. Ganz zu schweigen von den Einkaufszentren und Gewerbegebieten auf der Grünen Wiese, die dem Verbraucher einiges zu bieten haben. Mittlerweile versuchen die Shopping-Center als z.B. City-Center, auch vorsichtig die Innenstädte zu erobern. Sie sind dabei, den Warenhäusern den Rang abzulaufen und das nicht nur am Stadtrand. Last, but not least ist natürlich das Interesse am Online-Shopping deutlich gestiegen und die Internet-Shops haben sich zur echten Konkurrenz entwickelt. (1), (4), (7), (12)

Verbesserungsmöglichkeiten, um

die Krise zu bewältigen

Die erste Reaktion der Warenhauskonzerne war Fusionen einzugehen, wie z.B. Karstadt und Hertie. Das ist allerdings auch nicht das Allheilmittel, wenn man die Situation von Karstadt betrachtet. Es muss vielmehr das eigene hausinterne Konzept unter die Lupe genommen und ein bequemes Management mobil gemacht werden. Die Stichworte sind: Positionierung, Innovation und Effizienz. Die Kundenzufriedenheit muss sichergestellt und dementsprechende Marketingkonzepte durchgeführt werden. Es müssen abwechslungsreiche Konsumwelten zum Kauf animieren, es muss wieder verstärkt auf Marken gebaut werden, sprich Handel und Markenindustrie müssen eng zusammenarbeiten. Mit attraktiven Marken im ansprechenden Umfeld können Warenhäuser den potenziellen Kunden interessante Erlebniswelten liefern. Der Service sollte optimal sein und der Kunde von kompetenten und freundlichen Verkäufern bedient werden. Wenn der Kunde sich wohl fühlt und Spaß am Einkaufen hat, dann neigt er auch dazu Geld auszugeben und nicht nur kurz nach dem Notwendigen zu schauen, um dann fluchtartig das Haus wieder zu verlassen. [(5)](), [(6)](), [(10)](), [(12)]()

Folgen für Innenstädte

Der Weg aus der Warenhauskrise wäre zurzeit ein Segen für die Innenstädte, die stark mit den Folgen von Kaufhausfilialen zu kämpfen haben. Nach Angaben des Hauptverbandes des deutschen Einzelhandels (HDE) stehen bereits zehn Prozent aller Ladenflächen leer, das heißt, dass ca. zehn Millionen Quadratmeter Verkaufsfläche momentan nicht genutzt werden und die Tendenz ist steigend. Das wirkt sich negativ auf den gesamten Standort aus, da leere Schaufenster einen verwaisten Eindruck vermitteln und bereits dort angesiedelte Händler kaum eine Chance haben, auch nicht mit Billigangeboten, Kundschaft anzulocken. Diese sucht sich belebte und bequeme Einkaufsstädten, die sie, wie gesagt meist auf der Grünen Wiese findet. (2), (3), (4)

Offene Punkte

- Wie können sich die Innenstädte von den Folgen der Warenhauskrise erholen?
- Haben wieder belebte Warenhäuser mit frischem Wind überhaupt eine Chance in der momentanen

wirtschaftlichen Lage aus den roten Zahlen zu kommen oder hält die Unsicherheit und Konsummüdigkeit der Verbraucher weiter an?

Fallbeispiele

Erfolgreiche Warenhauskonzerne im Ausland

Harrods, LondonHarrods existiert seit 155 Jahren und hat sich jedes Jahr weiter entwickelt, das ist einer der Hauptfaktoren für den andauernden Erfolg.
Des Weiteren zeichnet sich Harrods durch die erfolgreichen Bereiche Service, Luxus, Entertainment, Innovation und Value for Money aus.
Der Eigentümer hat selbst während der schwierigen Jahre für den britischen Einzelhandel sein Investitionsprogramm fortgesetzt.
Harrods war innovativ, um sich an die sich ständig veränderten Erwartungen und Ansprüche der Kunden anzupassen. (6)

Galeries Lafayette, Paris

Planung für die kommenden Jahre: Anpassung der Leistungsfähigkeit an das Image
Geplantes Vorgehen, um das Ziel zu erreichen:
Klare Positionierung der Warenhauskette, neue themenbezogene Konzepte für kleinere Flächen, Schließen oder Umwandeln von defizitären Häusern, Senken der strukturellen Kosten (6)

J.C.Penney, USA
J.C.Penney hatte in den letzten Jahren mit ähnlichen Problemen zu kämpfen, wie deutsche Warenhauskonzerne.
Allerdings hat es in den letzten Saisons einen beachtlichen Umschwung geschafft.
J.C.Penney hat sein Team aufgefrischt und deutlich verjüngt und mit diversen neuen Initiativen die Kunden wieder zurück gewonnen.
Im Rahmen dieser Aktionen wurden z.B. zeitlich begrenzte Pop-Up-Stores eröffnet, die Furore machten oder das Sortiment auf eine jüngere Zielgruppe zugeschnitten.
Immer wieder werden neue Marketing-Initiativen gestartet, die J.C.Penney einen festen Platz in den Medien und im Gedächtnis der Kunden sichern. (10)

Weiterführende Literatur

(1) Abschied vom Warenhaus

aus Frankfurter Allgemeine Sonntagszeitung, 19.12.2004, Nr. 51, S. 36

(2) Innenstädte auf der Intensivstation
aus Süddeutsche Zeitung, 13.01.2005, Ausgabe Deutschland, S. 17

(3) Die Rosinenpicker warten schon
aus TextilWirtschaft 53 vom 30.12.2004 Seite 073

(4) Kampf um die Standorte
aus Lebensmittel Zeitung 53 vom 30.12.2004 Seite 022

(5) Ohne Marken geht es nicht
aus werben & verkaufen Nr. 49 vom 02.12.2004 Seite 014

(6) Wie kann man mit Warenhäusern Geld verdienen?
aus TextilWirtschaft 53 vom 30.12.2004 Seite 121

(7) Schwarz, Harald, Warenhäuser sollen keine aussterbende Spezies sein, SZ Süddeutsche Zeitung, 18.11.2004, S. 21
aus TextilWirtschaft 53 vom 30.12.2004 Seite 121

(8) Britische Händler testen innovative Konzepte
aus Lebensmittel Zeitung 51 vom 17.12.2004 Seite 046

(9) Das Tal ist durchschritten Optimismus für die Zukunft: Händler und Markenartikler kalkulieren mit stärkeren Zuwächsen.
aus Capital vom 23.12.2004, Seite 50

(10) "Die Warenhäuser müssen abspecken"
aus TextilWirtschaft 53 vom 30.12.2004 Seite 120

(11) Die Entdeckung des Warenhauses
aus TextilWirtschaft 40 vom 30.09.2004 Seite 018

(12) Eine deutscheHandels-Geschichte
aus TextilWirtschaft 33 vom 12.08.2004 Seite 022

Impressum

Die Warenhauskrise

Bibliografische Information der deutschen Nationalbibliothek

Die Deutsche Nationalbibliothek verzeichnet diese Publikation in der deutschen Nationalbibliografie; detaillierte bibliografische Daten sind im Internet über http://dnb.d-nb.de abrufbar.

ISBN: 978-3-7379-0712-5

© 2015 GBI-Genios Deutsche Wirtschaftsdatenbank GmbH, Freischützstraße 96, 81927 München, www.genios.de

Alle Rechte vorbehalten. Dieses Werk ist einschließlich aller seiner Teile – z.B. Texte, Tabellen und Grafiken - urheberrechtlich geschützt. Jede Verwertung außerhalb der Grenzen des Urheberrechtsgesetzes bedarf der vorherigen Zustimmung des Verlags. Dies gilt insbesondere auch für auszugsweise Nachdrucke, fotomechanische Vervielfältigungen (Fotokopie/Mikroskopie), Übersetzungen, Auswertungen durch Datenbanken oder ähnliche Einrichtungen und die Einspeicherung und Verarbeitung in elektronischen Systemen.